NOTICE

LA VIE ET LES ŒUVRES

DE

M. L'ABBÉ LETELLIER

CURÉ DE SAINT-PIERRE DU PETIT-MONTROUGE

PAR UN MEMBRE
DE LA SOCIÉTÉ DE SAINT-FRANÇOIS XAVIER
DE LA PAROISSE

PARIS

E. DE SOYE. IMPRIMEUR

2, PLACE DU PANTHÉON

—

1868

NOTICE,

SUR

LA VIE ET LES ŒUVRES

DE

M. L'ABBÉ LETELLIER

CURÉ DE SAINT-PIERRE DU PETIT-MONTROUGE

NOTICE

LA VIE ET LES ŒUVRES

DE

M. L'ABBÉ LETELLIER

CURÉ DE SAINT-PIERRE DU PETIT-MONTROUGE

PAR UN MEMBRE

DE LA SOCIÉTÉ DE SAINT-FRANÇOIS XAVIER

DE LA PAROISSE

PARIS

E. DE SOYE, IMPRIMEUR

2, PLACE DU PANTHÉON

—

1868

NOTICE

SUR

LA VIE ET LES OEUVRES

DE

M. L'ABBÉ LETELLIER

O mors, bonum est judicium tuum !

O mort, disait le prophète, que ta balance est équitable ! que ton jugement est solide et tes conseils salutaires !

En effet, quel enseignement plus fructueux que la mort ! quelle leçon plus touchante que la mort du juste !

Le clergé de Paris, les fidèles du Petit-Mont-rouge viennent d'essuyer une perte immense dans la personne de M. l'abbé Letellier, curé de la paroisse Saint-Pierre, qui a rendu son âme à Dieu le 3 décembre 1867.

M. l'abbé Letellier, par la sainteté de sa vie, par son zèle tout apostolique, par son ardente charité, par sa fervente piété, par sa science et par ses écrits (1), était sans contredit l'un des plus précieux joyaux de l'Église de France, et les innombrables témoignages d'affection que lui ont donnés à l'envi tant d'ecclésiastiques qui se

(1) Ouvrage publiés par M. l'abbé Letellier :

1° *Examens particuliers à l'usage des religieuses;*

2° *Missel de la semaine ou Ordinaire de messes pour les religieuses et les enfants de leurs pensionnats qui entendent la messe chaque jour;*

3° *Guide des institutrices;*

4° *Choix de cantiques pour la paroisse Saint-Pierre du Petit-Montrouge;*

5° *Guide des jeunes ouvrières;*

6° *Vie de N.-S. Jésus-Christ, d'après la suite des saints Évangiles;*

7° *Les Ateliers de Paris,* sous le pseudonyme P. Lelièvre, ouvrier menuisier;

8° *Les Ateliers de Paris, 2ᵉ partie.*

9° *Précis de la doctrine chrétienne.*

En manuscrits : plusieurs ouvrages, dont quelques-uns seront peut-être publiés plus tard.

pressaient à son chevet et qui l'ont accompa-
gné avec un si pieux empressement à sa der-
nière demeure, disent bien que le vénéré pasteur que nous pleurons est de ceux qu'on re-
grette toujours, qu'on n'oublie jamais, et dont
la mémoire se grave en lettres ineffaçables dans
les cœurs qui l'ont connu.

Oui, le deuil du clergé est grand. Mais quelle
n'est pas la douleur des fidèles qui ont perdu
leur pasteur, leur père, leur guide, leur ami !
Combien elle est profonde l'affliction des pauvres à qui il donnait non pas seulement tout ce
qu'il avait, mais bien plus encore : des paroles
de consolation et d'encouragement empreintes
de cet esprit d'aménité, de cette onction évangélique qui décuplent la valeur du bienfait ! Il
était si bon, si affectueux, si compatissant !

Mgr l'archevêque tenait M. l'abbé Letellier
en haute estime, et il lui a donné une preuve
touchante de son affection en venant à son lit de
douleur lui prodiguer ses paternelles et pieuses
consolations.

M. l'abbé Letellier (Édouard-Frédéric) na-
quit à Lisieux en 1806. Son père était menuisier. Le jeune Letellier ne reçut que de bons

exemples de ses parents, qui l'élevèrent dans la pratique de la religion. Dès l'enfance il fut très-porté à la piété. Après lui avoir fait donner les notions de l'enseignement primaire, son père le mit à l'établi. Il devint bon ouvrier. Il était d'un caractère gai, enjoué. Son tempérament était vif, bouillant; mais les ardeurs des passions n'avaient pas de prise sur lui, car il était plein de foi et d'amour de Dieu. A vingt ans il fut pris d'un accès d'ambition. Il désira venir à Paris pour se perfectionner dans son état. Il s'en ouvrit franchement à son père, qui, avant de lui donner son acquiescement, lui fit toutes les représentations propres à le détourner de ce projet. Le jeune homme tint bon ; le père consentit. Le voilà dans la Babylone moderne, dans cette immense cité où foisonnent tous les genres de vices et de vertus, où tant de jeunes hommes gaspillent leur jeunesse, compromettent leur salut. Il cherche ardemment du travail ; au bout de quelques jours il en trouve. Le salaire qui lui est dévolu n'est pas considérable : 1 fr. 50 par jour. Il s'ingénie à ne pas tout dépenser et parvient à faire quelques économies. Il ne manque jamais, matin et soir, de faire ses exercices de piété. Le dimanche, les jours de fête, il suit régulièrement les offices. Au bout de quelques mois, une difficulté surgit entre son patron et lui. On veut l'obliger à travailler le dimanche. Il n'y consent pas; on le congédie. Le cœur joyeux, comme il arrive quand on fait une bonne action, il arpente Paris pour retrouver de la besogne. Il réussit; mais il a soin de poser la condition de l'observance du dimanche et des fêtes. Dans son nouvel atelier, il est souvent scandalisé par les expressions inconvenantes, par les blasphèmes. Il proteste par son silence et souvent ne craint pas de reprendre ses camarades qui l'accablent de leurs moqueries. Il ne s'en émeut pas, et sa placidité, son enjouement, ses bons offices, la fermeté et la dignité de sa tenue lui concilient enfin toutes les sympathies.

« Vous entendez rester maîtres, disait-il, de ne
« pas pratiquer votre religion; je veux, moi,
« rester maître de servir Dieu comme je le
« dois. »

Un dimanche, il cheminait lestement vers Saint-Sulpice pour assister à la sainte messe.
« Où vas-tu donc si vite? lui dit un de ses ca-
« marades qu'il rencontra sur son chemin. —

A la messe. — A la messe? C'est bon pour les
« vieilles femmes et pour les bigots. — Eh bien,
« moi, riposte Letellier, je suis d'avis que c'est
« un bonheur et un devoir pour tout le monde,
« et je me garderais bien d'y manquer. »

Comme tous les ouvriers — qui, en fin de
compte, ont la foi dans le cœur, car c'est un phé-
nomène bien rare qu'un homme sans foi — devraient, à l'exemple de Letellier, faire bon mar-
ché du respect humain, qui fait tant de victimes !
comme ils devraient porter haut et ferme, sans
vergogne comme sans peur, l'étendard de notre
sainte religion ! — Ce serait le règne du bien
qui remplacerait celui du mal.

Letellier est devenu un habile ouvrier menuisier et même un tourneur intelligent. La spé-
cialité vers laquelle son aptitude le porte est
celle de tourneur en chaises. Grâce à son travail
soutenu et à son habileté, son patron augmente
progressivement sa journée. Ses dépenses res-
tent les mêmes ; ses épargnes s'accroissent. Il
n'a de largesses que pour l'amour et le service
de Dieu, à qui il rend grâces de tout le bien qui
lui arrive.

Mais, en ce temps-là, c'était vers 1828, cha-

que industrie avait son centre d'exploitation privilégiée. Pour la chaise, c'était la rue de Cléry.
Quiconque n'avait pas travaillé rue de Cléry
passait pour une *mazette*. Letellier aspirait na-
turellement à être embauché dans un des ateliers de cette rue en faveur. Toutefois il ne
pouvait pas, il ne voulait pas entrer n'importe
où; il entendait toujours se réserver les diman-
ches et jours de fête pour les consacrer à Dieu.
La Providence, qui dès longtemps semblait le
protéger d'une manière toute spéciale, favorisa
son admission chez M. Loiseau. C'était un
homme très-chrétien; il apprécia bien vite la
valeur de sa nouvelle recrue. L'aménité du
caractère de Letellier, sa piété, sa conduite
exemplaire lui concilièrent rapidement l'estime,
l'affection non-seulement du patron, mais de
toute sa famille. Il devint un des familiers, un
des amis de ce foyer béni.

M. Loiseau avait une fille en qui se reflétaient
toutes les vertus de la vierge chrétienne. Il aspirait à lui trouver un mari digne d'elle et qui fût
en état de reprendre la suite de ses affaires. Il
jeta ses vues sur Letellier, qui lui présentait
toutes les garanties qu'ambitionne un père pour

sa fille : religion, amour de l'ordre, intelligence et ardeur au travail, esprit d'économie.

A partir de ce moment, Letellier fut l'objet de soins tout particuliers, d'attentions exceptionnelles qui lui firent entrevoir la portée des desseins de M. Loiseau. Il demanda la main de Mlle Loiseau, qui lui fut accordée de grand cœur.

Sur ces entrefaites, la mort frappa M. Loiseau, la révolution de 1830 éclata, les affaires commerciales tombèrent dans un marasme incroyable. Letellier recula devant la responsabilité que paraissait lui offrir la reprise de la maison Loiseau. On liquida, et il continua son métier de tourneur en chaises. A quelque temps de là, il perdit sa femme ; mais il continua à demeurer avec sa belle-mère et sa belle-tante (1), dont il était la joie et la consolation.

L'épreuve terrible que Dieu venait d'infliger à M. Letellier ne fit qu'augmenter sa ferveur. En le voyant si pieux, si plein de la grâce de

(1) La belle-mère, Mme Loiseau, mourut vers 1859. La belle-tante, Mlle Angélique Lebon, n'a jamais quitté M. Letellier, depuis 1828, excepté pendant le temps qu'il passa au séminaire. Elle est morte chez lui à la fin de janvier 1867.

Dieu, Mlle Lebon se prit à songer qu'il ferait un bon prêtre. Cette idée se fixa, se mûrit dans l'esprit de la bonne tante, et un jour elle lui dit : « Il m'est venu une idée, Édouard, je la « crois bonne ; la voici : Vous devriez bien vous « faire prêtre. — Excellente idée, ma petite « tante, répondit-il en quittant son tour pour « battre joyeusement des mains et sauter au « cou de la bonne demoiselle. » Puis, après un instant de reflexion : « C'est grand dommage ! « Il me semble bien que c'est ma vocation ; « mais c'est tout simplement impossible. Il « n'y faut pas penser. — Et pourquoi donc ? « reprend Mlle Lebon. — Mais, ma tante, en « fait d'instruction, mon bagage est bien léger. « Je ne sais pas un mot de latin. Voici que « j'ai vingt-cinq ans. On ne voudrait pas de « moi, et m'acceptât-on, je n'ai pas de quoi « subvenir aux frais du séminaire. — Oh ! « s'il n'y avait que la difficulté d'argent, on en « viendrait à bout, répliqua la tante au cœur « d'or. »

Quelques heures après cet entretien, Mlle Lebon frappait à la porte du vénérable curé de Saint-Nicolas, M. l'abbé Frasey, dont l'admi-

rable charité a rendu le nom si populaire.
Elle lui exposa son projet et lui demanda con-
seil. M. l'abbé Frasey n'hésita pas ; il con-
naissait la belle âme du jeune Letellier, dont il
était le confesseur, et, au grand contentement
de Mlle Lebon, il dit : « C'est difficile, mais ce
« n'est pas impossible. Tout dépend de l'apti-
« tude et de la facilité d'Édouard pour l'étude.
« Je vous enverrai un professeur. Les résultats
« obtenus d'ici à quelques mois nous traceront
« la marche à suivre. »

Il n'y a rien de plus rude que l'étude d'une
langue, et surtout d'une langue morte, comme
le latin, qu'on peut travailler toute sa vie sans
arriver à le parler. Mais la difficulté revêt un
caractère tout exceptionnel quand l'élève, quelque vaillant, quelque intelligent qu'il soit, a
passé l'âge où la mémoire saisit et retient faci-
lement les mots, les classifications, les règles.

Letellier entreprend l'étude du latin à vingt-
cinq ans (cinq à sept ans après l'âge où l'é-
tude de cette langue est terminée d'ordinaire),
alors que l'on comprend bien, mais que l'on se
souvient très-difficilement. Il eut du mal, beaucoup de mal ; mais il sut vouloir avec énergie

et persévérance, et il triompha des obstacles. Résultat d'autant plus méritant que les jours étaient tout entiers consacrés au travail manuel et que les soirées seules étaient employées à l'étude. Il est juste d'ajouter que l'ardent écolier adjoignait par supplément une partie de ses nuits. Quelques mois s'écoulèrent ainsi. M. l'abbé Frasey vint se rendre compte par lui-même des progrès réalisés. Il fut frappé, émerveillé, et constata que Letellier avait dépassé toutes ses espérances. Il ne lui échappa pas qu'il avait fallu des efforts surhumains et un travail sans relâche auxquels la nature la plus vigoureuse ne saurait résister longtemps. Séance tenante, il fut décidé que Letellier entrerait au séminaire à bref délai.

Quelques semaines plus tard, Letellier est admis au petit séminaire. Il a dit adieu à sa belle-mère, à sa bonne tante, et le voilà qui vient s'installer entre les quatre murs d'une froide chambrette, dans l'asile de la prière, de l'étude et de la méditation. Il lui faut aller s'asseoir sur les bancs d'une classe où ses camarades ont douze ans à peine. Les premiers temps furent très-âpres, l'ennui le rongeait ; il

2.

regrettait parfois sa vie d'artisan, la compagnie de sa belle-mère et de sa tante. Mais bientôt, sous l'influence de la prière et de la grâce d'en haut, il reprenait courage. En peu de temps, il sut aimer son nouveau genre de vie et il devint un sujet d'édification aussi bien pour ses maîtres que pour ses condisciples. Il se livra au travail avec une ardeur telle qu'en quatre ans il fit avec le plus grand succès les études du petit séminaire, qui ordinairement absorbent huit à dix ans. En rhétorique, il remporta les premiers prix.

Dans le grand séminaire, il ne déploya ni moins de zèle ni moins de piété. En philosophie, son état maladif le contraignit à quitter le séminaire pendant quelques mois. Sa santé, déjà ébranlée par les veilles, par l'excès de labeur, par les austérités, ne l'exempta pas de souffrance pendant une seule journée de son temps de séminaire, et jamais il ne lui arriva de manquer à aucun exercice, de se dérober à aucune pratique. *Charitas omnia vincit.*

M. Letellier fut ordonné prêtre en 1842, et immédiatement appelé aux fonctions de professeur au petit séminaire, fonctions dans les-

quelles, en raison de sa mauvaise santé, on ne
put pas le maintenir longtemps, au grand re-
gret de tous. On le chargea de l'économat.
Dans cette position, il eût été facile à M. l'abbé
Letellier de trouver du calme, de prendre du
repos, de recouvrer des forces. Ce n'était point
ainsi qu'il le comprenait. Appelé à l'insigne
honneur d'être prêtre de Notre-Seigneur Jésus-
Christ, il avait soif des âmes, il ne voulait
laisser échapper aucune occasion de publier la
sainte doctrine, de propager la bonne nouvelle.
Il se multipliait au confessionnal, il prêchait
souvent; il était directeur spirituel de l'ouvroir
des sœurs de Charité du cloître des Bernardins
et de celui de Mlle Guillard, alors dans l'île
Saint-Louis. Il recherchait avec une sainte ardeur toutes les occasions possibles de moraliser,
de régénérer la classe ouvrière. Oh! les ouvriers, comme il les a toujours aimés! que de
bien il leur a fait! que de grâces ses prières
attireront sur eux! « Les ouvriers, disait-il
« souvent, je les ai connus de près, j'ai vécu
« avec eux. Ceux qui disent qu'ils sont dé-
« pravés les calomnient. Ils ont la tête légère,
« c'est vrai; mais comme ils ont bon cœur! »

Vers 1844, M. l'abbé Letellier fut nommé aumônier de la congrégation de la Mère de Dieu, rue de Picpus. Les huit années qu'il passa dans cette communauté furent une suite non interrompue de bonnes œuvres, d'édifiants exemples, de prédications entraînantes. Là aussi il fit preuve d'un zèle infatigable, d'une activité surhumaine, d'une abnégation tout apostolique. Il donna carrière, dans une paroisse voisine — Sainte-Marguerite — à ce saint amour dont il était embrasé pour le salut des âmes, à sa prédilection marquée pour la classe ouvrière.

En 1852, M. l'abbé Letellier fut appelé à exercer le saint ministère dans la paroisse de Saint-Ambroise, où il remplit successivement les fonctions de deuxième, puis de premier vicaire. Dans cette nouvelle position, son ardeur ne s'attiédit point. Il se sentait à l'aise dans ce centre de population ouvrière. Les ateliers et les mansardes recevaient ses fréquentes visites. Il veillait avec une sollicitude paternelle sur le choix des patrons pour les enfants placés en apprentissage. Il donnait aux pauvres tout ce qu'il avait, et quand il n'avait plus rien à donner, il se mettait en quête afin de pourvoir à leurs plus grands besoins.

Quelque bien remplies que fussent les journées de M. l'abbé Letellier, il était tellement ami de l'étude et si désireux de s'instruire davantage que quotidiennement il trouvait moyen de consacrer quelques heures à la théologie, aux saintes lettres.

En octobre 1859, M. l'abbé Letellier, qui n'avait d'autre ambition que de rester avec les fidèles de Saint-Ambroise, fut nommé curé de la paroisse Saint-Pierre du Petit-Montrouge.

Sans vouloir blesser aucune suceptibilité, il est permis de dire que les communes suburbaines annexées à Paris se faisaient remarquer par leur indifférence en matière de religion ou plutôt de pratiques religieuses. La plupart d'ailleurs étaient dépourvues d'églises, ou, s'il en existait, ces églises étaient exiguës, insuffisantes, mal entretenues, témoin celle du Petit-Montrouge, sorte de magasin qui n'a ni style, ni couleur, ni espace.

Il appartenait au gouvernement de l'empereur de combler cette déplorable lacune, et, depuis quelques années, les édifices religieux surgissent de toutes parts, à la grande satisfaction des pasteurs et des fidèles.

L'exiguïté, l'insuffisance de l'église fut le premier et le plus constant chagrin de M. l'abbé Letellier; ce fut aussi une incessante difficulté contre laquelle il s'évertua à lutter sans relâche. Il y fit édifier une tribune, puis une chapelle annexe dédiée à la sainte Vierge.

Sans renoncer à ses goûts favoris pour l'étude, à laquelle il consacrait une portion de ses nuits, il se dévoua de tout son cœur, de toute son âme, à la mission à laquelle l'avaient appelé la grâce de Dieu et la confiance de Mgr Morlot, de sainte et illustre mémoire. Mais toujours il se sentait enrayé par l'exiguïté de son église et par l'éloignement de certains quartiers de sa paroisse privés de voies de communication. Il fut frappé surtout de l'état de solitude dans lequel était plongé le quartier de Montsouris, et, encouragé par l'approbation de Mgr Morlot, il résolut d'y construire une chapelle. Il acheta un terrain, rue de la Voie-Verte, et y édifia une gracieuse et assez vaste chapelle, sous le vocable de Notre-Dame de la Santé. Le plateau de Montsouris était dépourvu d'écoles. Les écoles chrétiennes de Montrouge (place de la Mairie) regorgeaient d'enfants, et les jeunes filles, les jeunes garçons de Montsouris étaient livrés à un scandaleux vagabondage. M. le curé voulut mettre fin à ce triste état de choses, et il fit ériger des écoles au-dessus de la chapelle.

La dépense fut considérable ; les ressources pécuniaires de M. le curé étaient fort peu de chose. « Dieu m'aidera », disait-il. Sa foi fut exaucée. Il absorba dans ces constructions la petite fortune patrimoniale ; la tante au cœur d'or avança une assez forte somme, comme il l'avait espéré. Dieu lui vint en aide, et la chapelle fut achevée, et, pendant six ans, aux frais de M. le curé, plus de trois cents enfants reçurent les bienfaits de l'instruction, sous la direction des bons frères des Écoles chrétiennes et des sœurs de l'Immaculée-Conception.

C'est là, sans contredit, un prodige de charité ! A l'esprit ardent et évangélique de M. l'abbé Letellier il fallait des œuvres et encore des œuvres. Aussi se multiplièrent-elles sous l'infatigable action de son héroïque charité. L'admirable société de Saint-Vincent de Paul, qui reflète aux quatre coins du monde les éminents services produits par l'amour du prochain, reçut une notable extension. Chaque année, dans la saison du froid et de la misère, un fourneau économique fonctionnait : les dépenses excédaient invariablement les recettes, et de beaucoup ; c'était M. le curé qui comblait le déficit. S'agissait-il d'un sermon de charité pour procurer des ressources à la conférence de Saint-Vincent de Paul, M. le curé sollicitait lui-même les quêteuses, et, pour stimuler leur zèle, il donnait les fonds de bourse.

M. l'abbé Letellier donna une nouvelle et puissante impulsion à l'œuvre des Pauvres Malades. « Œuvre admirable, disait-il, qui « nous ouvre les demeures et qui nous met à « même de sauver bien des âmes ! »

Il institua, en outre, dans la chapelle de Montsouris :

1° L'œuvre de la Sainte Famille ;

2° L'œuvre de la Doctrine chrétienne ;

3° La société de secours mutuels de Saint-François Xavier.

Œuvres très-excellentes dont le saint curé avait pressenti la nécessité et l'efficacité. Le zèle apostolique du pasteur avait correspondu

aux pressants besoins de cette bonne et inté-
ressante population de Montsouris.

Montsouris! terre privilégiée, terre bénie,
comme tu fus aimée de ce père tant regretté !

M. l'abbé Letellier venait, le plus souvent
qu'il le pouvait, présider ces touchantes réunions de la Doctrine chrétienne. Il s'y trouvait
heureux, il jouissait des consolants résultats
que produit cette œuvre, et ne pouvait se dé-
fendre de sentiments d'admiration et de respect
pour ces braves ouvriers qui, après une journée
rudement remplie, viennent offrir leurs hom-
mages à Dieu, raffermir leur foi, éclairer leur
piété.

Et cette grande et belle œuvre de Saint-François Xavier, en quelle haute estime il la tenait !
que d'indicibles jouissances son succès lui a
données ! « Il faut, disait-il, que cette œuvre
« soit bénie de Dieu ! Qui aurait pu espérer
« d'aussi prompts, d'aussi magnifiques résul-
« tats ! »

En effet, la réussite a été merveilleuse et
toute providentielle. Vingt mois après sa nais-
sance, cette société compte plus de quatre cents
membres ! Et c'est chose très-édifiante de voir

l'empressement avec lequel les sociétaires as-
sistent aux réunions, où leur tenue est admirable et leur attention religieuse si parfaite que,
parmi les nombreux personnages éminents qui
sont venus présider cette assemblée, il n'en est
pas un qui n'ait exprimé sa vive satisfaction,
j'allais dire son étonnement.

M. l'abbé Lagarde, archidiacre de Sainte-Ge-
neviève, président d'honneur d'une de ces réunions, fut tellement émerveillé qu'il fit à
Mgr l'archevêque le plus élogieux récit. Sa
Grandeur fut singulièrement touchée et envoya,
quelques jours après, à M. le curé, en témoi-
gnage de ses sympathies et de son contentement, un don de sa munificence pour la société
de Saint-François Xavier de Montsouris.

Dans la paroisse, M. l'abbé Letellier présidait
à tous les offices, à toutes les cérémonies : il
s'était réservé la direction de l'archiconfrérie ;
il s'occupait spécialement aussi des catéchis-
mes ; il visitait un grand nombre de malades ;
il entendait d'innombrables confessions ; il re-
cevait soit à l'église, soit chez lui, à n'importe
quelle heure, tous ceux qui venaient à lui.
Est-il besoin de dire qu'il assistait une grande

quantité de pauvres ? Quand il ne donnait rien, c'est que sa bourse était à sec, et alors il s'excusait, il adressait quelques paroles amies qui calmaient la souffrance et séchaient les pleurs.

M. l'abbé Letellier était d'un commerce sûr, agréable ; sa nature aimante et dévouée le portait à la compassion, à l'obligeance. Personne plus que lui ne pratiqua l'indulgence. Un des traits les plus caractéristiques de l'état de perfection auquel il était parvenu, c'est qu'il était toujours prêt à excuser, et que jamais il ne lui arrivait d'incriminer ni même de blâmer les actions, les paroles ou le caractère de qui que ce fût. Il prenait gaiement part à la conversation dans les réunions où il apparaissait trop rarement au gré de ses amis, il y montrait un esprit vif, enjoué ; mais aussitôt que la porte était ouverte aux discours frôlant la calomnie ou la médisance, il trouvait moyen de se dérober.

Il était d'une obligeance, d'une aménité sans bornes avec les ecclésiastiques qui lui étaient donnés comme collaborateurs. Les employés de l'église avaient en lui un père indulgent.

Pour résumer en un un mot la vie et les vertus

de M. l'abbé Letellier, nous disons, sans crainte d'être démenti :

Il fut un ouvrier modèle,

un prêtre modèle,

un curé modèle,

le modèle des amis !

En 1866, l'ami le plus intime de M. l'abbé Letellier, M. l'abbé de G..., dont la santé était fort ébranlée, dut se résigner à suivre les instructions des médecins qui lui prescrivaient les eaux de Plombières. M. Letellier voulut être du voyage. « Je vous suivrai, dit-il, ce seront mes « vacances. C'est un devoir et ce sera un plaisir « pour moi de ne pas vous quitter dans ces « jours plus pénibles. » M. de G... et M. Letellier s'étaient connus au séminaire. La mutuelle affection qu'ils s'étaient vouée avait grandi avec les années. Ils avaient entretenu des rapports très-suivis, et leurs délassements presque uniques, pendant trente-six ans, furent les moments qu'ils passèrent ensemble. Il est vrai de dire qu'ils se *chicanaient* souvent ; mais ce n'était jamais que pour se recommander l'un à l'autre de se ménager davantage, de prendre un peu plus de soin de cette chère santé qui, par tous les deux, était à l'envi généreusement dépensée pour le service de Dieu et pour le salut des âmes. *Amicus Donum Dei.*

Les eaux de Plombières, bien qu'il en eût usé avec une extrême modération, furent tout à fait contraires à M. Letellier. Après son retour, sa santé déclina visiblement. Il lutta pied à pied, énergiquement, contre le mal qui l'envahissait. En dépit des souffrances les plus aiguës, malgré un dépérissement complet, il continua, pendant plusieurs mois encore, au mépris des affectueuses recommandations qui lui venaient de tous côtés, et notamment de son bon ami M. de G..., de vaquer, comme par le passé, à tous les besoins de son saint ministère. Épuisé, à bout de forces, impuissant à poursuivre la lutte, il consentit, sur l'ordre des médecins, à aller passer quelque temps à Nice. M. l'abbé de G... entendit l'y accompagner. Les deux pasteurs, accompagnés d'un serviteur fidèle, partirent au mois de janvier 1867.

Le climat bienfaisant de Nice apporta un prompt soulagement, et l'on put concevoir l'espérance d'un prochain et assez prompt rétablissement.

Mais soudain la nouvelle foudroyante de la mort subite de sa bien excellente et bien-aimée tante rappelle M. Letellier à Paris. Le coup fût terrible pour lui. Son cœur fut profondément déchiré. Il retourna à Nice, mais l'influence climatérique ne produisit plus les mêmes bienfaisants effets. Et puis, la grande fête de Pâques approchait, cette solennité auguste chère à tous les chrétiens, plus particulièrement précieuse pour le cœur des prêtres. « C'est l'époque, di- « sait le vénéré curé, où nous faisons les plus « beaux coups de filet. »

Il tardait à M. l'abbé Letellier de reprendre ses fonctions pastorales. Les deux amis revinrent à Paris. M. le curé se prodigua comme toujours, et, comme il arrivait quand il s'agissait de sa santé, il ne tint aucun compte des avis qui lui étaient donnés à ce sujet. Pour mettre le comble à des fatigues au-dessus de ses forces, il entreprit d'installer l'exercice du culte, pour le jour de Pâques, dans l'église nouvelle, qui était encore encombrée d'ouvriers et de matériaux. Pendant plusieurs jours il fit déblayer, il organisa, il disposa toutes choses.

Un mois après, plus malade que jamais, il

allait demander à Lisieux, sa ville natale, la santé, le calme, le repos dont il avait tant besoin. Pendant le séjour qu'il y fit, il ne manqua pas une seule fois d'offrir le saint sacrifice, bien que son état de faiblesse fût tel qu'il avait fréquemment des défaillances et qu'il craignit plusieurs fois d'être obligé d'interrompre la célébration des divins mystères. Le mal faisait des progrès effrayants. Le retour à Paris fut précipité.

Le premier août, M. Letellier prit le lit. Quatre jours plus tard, les sommités de la science jugeaient la situation désespérée. M. l'abbé Letellier reçut les derniers sacrements en présence d'une foule profondément émue et consternée. Étendu sur sa couche de douleur, l'œil calme, tout resplendissant d'une sérénité qui transfigurait ses traits amaigris par la souffrance, il semblait appartenir déjà à la céleste cohorte. Après la cérémonie solennelle du baise-main, il eut la force de donner la bénédiction pastorale à l'assistance éplorée. Plein de cette surnaturelle placidité qui est le don des martyrs et des saints, lui seul ne pleurait pas. Il semblait qu'un coin du voile qui nous cache la beauté des cieux se

fût entr'ouvert pour le faire jouir de l'avant-
goût des béatitudes éternelles.

On fit une neuvaine. Chaque jour l'église
regorgeait de fidèles implorant, avec l'accent
de la confiance et de la douleur la plus vive,
la clémence du Très-Haut. Le mal perdit de sa
gravité. Il fut encore permis de concevoir quelque espérance que le bon pasteur serait con-
servé à son troupeau désolé. Les semaines, les
mois se succédèrent dans des souffrances iné-
narrables, dans des perplexités indicibles.

Les bonnes sœurs de Montrouge, les excel-
lentes dames de la communauté de Montsouris
veillaient nuit et jour à son chevet, ainsi que les
vicaires de la paroisse et cet ami de trente-six
ans dont nous avons parlé plus haut. L'intensité
des crises offrait le spectacle le plus navrant, et
jamais une plainte, jamais un murmure, jamais
une impatience ne s'exhalait des lèvres du mou-
rant. Il était tout à Dieu, tout en Dieu, priant
sans cesse et répondant sans cesse à ceux qui
se lamentaient sur ses souffrances : « A quoi
bon des plaintes? Dieu est le maître. Que sa
sainte volonté soit faite ! »

Une demi-heure environ avant le moment

suprême, M. l'abbé Letellier fut pris tout à coup d'une violente émotion; il demanda à M. de G... de réciter les litanies de la très-sainte Vierge. A moitié de la récitation, le calme reparut. Une crise nouvelle se produisit; une prière et quelques paroles de l'infatigable ami y mirent promptement fin. Enfin, Dieu eut pitié de son serviteur résigné, et il daigna le rappeler à lui.

La fatale nouvelle se répandit en peu de temps d'une extrémité de la paroisse à l'autre. Tout le monde était consterné, atterré. Bien qu'on s'attendît à la catastrophe, on se refusait à y croire. On ne pouvait se faire à la pensée qu'on avait perdu ce pasteur bien-aimé que chacun avait apprécié, chéri.

Pendant le jour où M. l'abbé Letellier fut exposé sur un lit de parade, revêtu de ses habits sacerdotaux, dans sa chambre convertie en chapelle ardente, on vit sans interruption défiler en foule toutes les classes de la population de la paroisse Saint-Pierre, pleurant, sanglotant, demandant à Dieu, dans de ferventes prières, courage et résignation, et, dans l'intime conviction que l'âme du saint prêtre était déjà en possession de la gloire des élus, implorant avec confiance le secours de sa paternelle protection.

Les confréries, les communautés, les écoles, la société de Saint-François Xavier, les pauvres, de nombreux amis, les autorités, les notabilités de l'arrondissement se pressaient au convoi de M. l'abbé Letellier, le deuil dans le cœur, la tristesse dans l'âme, et ce concours empressé, ces témoignages touchants et unanimes d'une affliction poignante démontrent éloquemment que la paroisse Saint-Pierre du Petit-Montrouge a compris toute l'étendue de la perte immense qu'elle vient de faire.

Une consolation reste à ceux qui le pleurent: c'est qu'il est bienheureux ; c'est qu'il a reçu la récompense due à ses éminentes vertus, à sa sainteté, aux bienfaits sans nombre qu'il a répandus ; c'est qu'ils ont au ciel un ami tendre et dévoué sur la puissante intervention de qui ils peuvent compter.

La vie de M. l'abbé Letellier est un enseignement et un modèle; sa mort est un modèle et un enseignement.

PARIS. — DE SOYE, IMPRIMEUR, 2, PLACE DU PANTHÉON.